NOTE

SUR LE

THÉATRE-FRANÇAIS

IMPÉRIAL

DE

SAINT-PÉTERSBOURG

PARIS

IMPRIMERIE DE J. CLAYE

RUE SAINT-BENOIT, 7

1859

NOTE
SUR LE
THÉATRE-FRANÇAIS
IMPÉRIAL
DE
SAINT-PÉTERSBOURG

PARIS
IMPRIMERIE DE J. CLAYE
RUE SAINT-BENOIT, 7

1859

A SON EXCELLENCE

M. LE MARÉCHAL DE SABOUROFF

DIRECTEUR

DES THÉATRES IMPÉRIAUX DE TOUTES LES RUSSIES

Excellence,

Il y a vingt-deux ans aujourd'hui que je suis comédien. Élève du Conservatoire de Paris et premier prix, j'ai fait mes premières armes sur la scène du Théâtre-Français : c'est assez vous dire que tout jeune j'ai puisé à la vraie source les solides principes de cet art que j'aime passionnément, et qui a pour moi tous les charmes d'une femme aimée et toutes les vertus d'une mère.

A la Comédie-Française, j'ai participé à des ouvrages capitaux tels que : *Caligula*, d'Alexandre Dumas père; *la Calomnie*, *la Camaraderie*, de Scribe. J'ai vu créer *la Popularité*, de Casimir Delavigne; *le Verre d'eau*, *Mademoiselle de Belle-Isle*, et tant d'autres. J'ai assisté à l'enfantement de toutes ces œuvres remarquables, qui font aujourd'hui la gloire de notre scène moderne et les plaisirs des théâtres étrangers. C'est sous mes yeux que tous ces grands poëtes ont en quelque sorte donné la vie à leurs créations : car, leurs pièces écrites, ne croyez pas qu'elles fussent achevées; non, bien loin de là : c'est sur le théâtre, c'est à ce que nous appelons vulgairement la RÉPÉTITION que leurs idées se modifiaient, que leur talent se polissait, que le marbre prenait des formes humaines et arrivait enfin jusqu'à la réalité la plus saisissante. Et cela, au contact des artistes, leurs interprètes; et de leurs conseils, de leurs avis dictés par le sincère amour de l'art, sortait invariablement un bénéfice certain au profit de l'œuvre, créée avant tout par l'auteur, il est vrai, mais achevée, polie, finie par l'acteur.

Au bout de trois années passées au Théâtre-Français, des raisons particulières m'en firent sortir, et j'entrai sur une scène secondaire, celle du Vaudeville. Là, même travail, sinon aussi grandiose, du moins aussi intelligent.

Après dix ans d'absence hors de la France, je viens encore de passer trois ans et demi au Gymnase-Dramatique, théâtre de second ordre par son rang, mais véritablement le premier de Paris aujourd'hui par les soins qu'on apporte à l'ensemble des représentations (soins trop minutieux, peut-être, car j'ai vu là pousser la mise en scène jusqu'au rigorisme, si je puis m'exprimer ainsi; partant, jusqu'à l'exagération, jusqu'au ridicule); mais, il faut en convenir, de ces soins cependant sortait un résultat très-remarquable, et cela toujours par les mêmes moyens, moyens que je vais vous signaler, ce qui est le but de ce petit travail.

L'habitude, les bons modèles, l'amour du théâtre m'ont fait apporter une attention toute particulière sur ces moyens pratiques qui servent à l'enfantement des pièces, et je crois avoir acquis une expérience certaine sur cette partie de l'art théâtral.

Excellence, on ne joue pas la comédie tout seul,

— *il faut être aidé* — et voilà le grand secret de la perfection. Tout à l'heure, je vais m'expliquer.

Le but de la présente note est d'appeler, sur un côté de la partie artistique de notre théâtre Michel, l'attention de votre esprit sérieux et réfléchi.

Vous, Excellence, à qui l'instinct des grands et vrais intérêts de l'art dramatique ne peut manquer, j'en suis certain, vous voulez un Théâtre-Français complet dans son ensemble, brillant et renommé. Cette volonté se révèle par des faits incontestables, par tous les sacrifices qui se font et qui se feront encore pour lui. Seulement, au milieu de vos grands travaux, il est peut-être possible, quelquefois, que les petits éléments qui font la condition du succès d'un théâtre vous échappent, et c'est bien naturel. En effet, nous aurions mauvaise grâce souvent à venir vous importuner pour des détails qui, dans certain moment, pourraient vous paraître futiles; mais en vous les présentant tous ensemble et en vous disant que je ne veux vous entretenir que de la prospérité du théâtre Michel, du talent et du bien-être de vos artistes, je suis sûr d'être écouté.

Avant d'aller plus loin, cependant, je désire qu'il soit bien entendu que je ne prétends, en aucune façon, faire la critique de votre organisation théâtrale; non, mon vœu, le but de ma démarche, serait d'y apporter certaines petites modifications TOUTES PERSONNELLES AUX COMÉDIENS; peu nécessaires en apparence, essentiellement utiles dans le fond. Et si je parvenais à vous les faire apprécier d'une façon sensible, Excellence, je croirais avoir rendu un service véritable et à l'art qui m'occupe depuis plus de vingt ans, et au Théâtre-Français impérial de Saint-Pétersbourg, que j'aime, auquel je suis heureux d'appartenir, dans lequel j'ai la ferme volonté de finir ma carrière, si on me le permet, enfin à tous les comédiens de talent qui en font partie.

Je vous l'ai déjà dit, Excellence, pour jouer la comédie, *il faut être aidé*. — Ce qui produit à Paris, sur les principaux théâtres, cette unité, cette homogénéité, cette perfection d'ensemble chez les artistes, c'est qu'ils sont aidés, invariablement aidés par trois choses :

1° UNE MISE EN SCÈNE RAISONNÉE;
2° DES ACCESSOIRES VRAIS;
3° UN SILENCE PROFOND.

UNE MISE EN SCÈNE RAISONNÉE

En effet, jugez quelle facilité, quel allégement pour les artistes lorsqu'un auteur, un metteur en scène, un homme initié à l'art du comédien, un homme intelligent enfin, vient avec le plan raisonné d'une pièce, et, au lieu de les laisser dans l'incertitude sur leurs positions, sur leurs mouvements, sur leur caractère quelquefois, leur indique au contraire, à coup sûr, l'endroit où ils doivent se placer, la porte par laquelle ils doivent entrer ou sortir; leur conseille doucement plus ou moins de force, plus ou moins de chaleur; les retient lorsque parfois ils se laissent emporter malgré eux; les applaudit lorsqu'ils ont touché juste. Et cela, non pas machinalement, mais par déduction des péripéties de l'œuvre dramatique. Voyez leur travail s'alléger de moitié : ils sont dans la bonne voie; ils n'ont plus qu'à marcher droit devant eux. Maintenant leur propre intelligence vient encore en aide à ce metteur en scène et rectifie certaines erreurs, modifie certaines choses qui ne vont pas à leur nature, à leur instinct. Et ces modifications, toujours bonnes, se font avec une telle facilité, que jamais elles n'entravent la rapidité de l'étude. Il est bien évident qu'il y a là un bénéfice énorme pour leur travail. Les voilà placés, ces artistes, ils n'ont plus maintenant à s'occuper que de la couleur, que de l'esprit, que du génie de leur rôle. On a aplani la route devant eux, ils marchent avec sécurité, sans cahot, et vont arriver sûrement au but.

Excellence, les bénéfices d'une pareille mise en scène nous sont inconnus au théâtre Michel.

DES ACCESSOIRES VRAIS

J'entends par là une chose bien simple : c'est que, par exemple, si l'artiste dit, dans une pièce, qu'il est dans une salle à manger, cette salle à manger ne soit pas un salon, *et vice versâ:* que s'il a besoin d'une orange, on ne lui donne pas une pomme; que s'il désigne un lit, ce lit ne soit pas un canapé; que s'il lui faut un marbre, ce ne soit pas un bronze; que s'il joue François Ier, la bourse dont il a besoin ne soit pas de 1859.

Car il est perdu s'il en est autrement. Jugez : dans une pièce je parle d'une orange et en scène je tire de ma poche une pomme que, dans l'émotion d'une première représentation, je n'ai pas vu mettre dans cette poche par le donneur d'accessoires. Le public fait la réflexion : Pourquoi dire une orange, puisqu'il a une pomme? Il s'est trompé. — Moi, je dis : Pourquoi m'ont-ils donné une pomme quand il me faut une orange? — Le public chuchote, moi je peste, et me voilà tout désorienté : j'ai perdu mon ascendant, mon magnétisme sur le public distrait, et je ne pourrai le ressaisir de toute la soirée. Voilà l'effet de mauvais accessoires. Pour que l'illusion du spectateur soit complète, il faut que rien ne vienne troubler le comédien.

Excellence, chaque jour nous sommes trahis par ces misérables détails.

UN SILENCE PROFOND

Lorsque le comédien (ah! Excellence, mettez-vous à sa place une minute pour me bien comprendre), lorsque le comédien, dis-je, s'identifiant avec une situation, trouve dans son cœur la vraie vérité qui doit sûrement vous impressionner, vous public, et que vous ne l'écoutez pas, il est bien malheureux ce comédien, n'est-ce pas? — Mais lorsqu'il est assez heureux pour vous fixer, légers spectateurs, lorsque son talent et son âme sont parvenus à imposer un tel silence à une salle entière qu'il peut parler aussi bas qu'il le veut et que vous l'entendrez encore; que mille ou quinze cents spectateurs sont suspendus au souffle qui sort de ses lèvres (le plus délicieux triomphe peut-être pour le comédien) et que tout à coup, derrière lui, dans son théâtre, dans son propre théâtre, un bruit quelconque vient détruire ce précieux silence, cette bienheureuse illusion qui allait peut-être produire un chef-d'œuvre d'inspiration... alors, Excellence, ce n'est plus du malheur, c'est de la rage, c'est du désespoir, c'est le cœur qu'on lui brise, et l'avare à qui l'on vient de voler son trésor ne ressent pas de plus fortes angoisses que le comédien à qui l'on arrache son effet.

Excellence, ces douleurs nous sont presque quotidiennes au théâtre Michel.

Ainsi donc : mise en scène raisonnée, accessoires vrais, silence profond, voilà les trois éléments vitaux pour un théâtre de comédie. Eh bien! Excellence, vous avez une troupe française qui ne vous rend pas en talent la moitié de ce qu'elle contient, et cela, parce que ces trois éléments analysés plus haut nous manquent presque radicalement. Sur cinquante pièces nouvelles montées par nous dans une année, deux ou trois, tout au plus, ont du succès; tandis qu'avec des soins, vingt au moins devraient faire sensation et rester au répertoire. Combien ai-je vu de ces pièces faire de l'effet à Paris, qui passaient ici sans provoquer un seul applaudissement! et à cela pas d'autre cause que celles que je viens de signaler: insuffisance du soin apporté aux répétitions, décors imparfaits, mise en scène sans suite, sans unité, sans raison d'être. Pas d'autre cause, je le répète.

Et dussé-je vous paraître orgueilleux, ce manque
de succès ne peut jamais être attribué à vos artistes,
car, permettez-moi de vous le dire, vous avez
une troupe véritablement supérieure, et si je disais
tout à l'heure que des ouvrages ont ici manqué
leur effet, je puis ajouter, comme correctif, que
beaucoup d'autres ont, à Pétersbourg, frappé un
grand coup, lesquels, à Paris, sont restés dans l'obscurité la plus complète par la faiblesse de leurs interprètes, par le manque d'exécution. Une troupe de
talent, vous la possédez, dis-je, vous avez donc le
premier élément pour faire du Théâtre-Français de
Saint-Pétersbourg un théâtre de premier ordre, le
second peut-être de l'Europe, mais à une condition,
c'est que cette troupe sera sans cesse aidée par les
détails que je viens de vous signaler. A mon avis,
lorsque le talent d'un artiste dramatique ne progresse
pas, il décroît; je crois qu'il en est de même pour
l'ensemble d'un théâtre, et c'est parce que je sens
toute la force, toute la séve qu'il y a encore dans
le nôtre, que je me permets de vous indiquer les
moyens qui peuvent, je crois, lui donner une nouvelle régénération.

Maintenant, je dois faire la part du travail que
donne un bénéfice hebdomadaire pendant six mois

de l'année; je la fais, Excellence, et je crois que souvent, quoique ce fût difficile, les représentations auraient pu aller mieux.

Mais à présent que, sous votre direction, ce système de bénéfice va changer (et grâces vous en soient rendues au nom de l'art), à présent que, le samedi soir, après la première représentation d'une pièce en cinq actes ayant eu ou non du succès, nous ne trouverons plus chez nous une autre pièce également en cinq actes pour le samedi suivant; à présent que, lorsque nous aurons un succès, nous ne le sacrifierons plus pour jouer une mauvaise pièce pour le bénéfice prochain; à présent enfin que nous allons pouvoir respirer en montant nos représentations, je crois l'instant favorable pour remédier à ces imperfections qui entravent continuellement l'ensemble de nos pièces et annihilent, par conséquent, une grande partie de notre talent.

A mon avis, Excellence, voici le remède :

J'ai la conviction que, dans un théâtre comme le nôtre, une seule personne est matériellement insuffisante à cumuler les fonctions qui embrassent les affaires de l'administration et les soins incessants de la scène. Sans parler de l'esprit, le temps n'y suffit pas.

Eh bien, Excellence, ayez un régisseur administratif qui fera les affaires matérielles du théâtre, qui sont grandes chez nous; qui sera l'intermédiaire entre vous et les artistes; qui recevra les pièces de l'étranger, qui les lira, qui les distribuera, en soumettant toujours, cependant, cette distribution à votre haute approbation, point capital pour nous. Puis, à côté de cet homme d'affaires, si je puis m'exprimer ainsi, ayez un metteur en scène, un régisseur artistique, un régisseur de la scène, car c'est ainsi que je veux appeler celui qui occupera cet emploi. A celui-là, le soin exclusif de monter les pièces et d'y apporter tous les soins énumérés plus haut et qui nous manquent aujourd'hui; à celui-là enfin le soin de sauvegarder le talent de vos artistes.

C'est donc une nouvelle place dont je sollicite près de vous la création, et cette place, j'ai l'honneur de vous la demander pour moi.

Je le fais sans crainte et sans honte, Excellence. Sans crainte, car je sens en moi tout ce qu'il faut pour la remplir dignement : expérience, force, courage, activité, et un puissant amour du théâtre qui me fera apporter dans ces nouvelles fonctions une bonne volonté et une ardeur fécondes, j'en suis convaincu. Sans honte, car j'aime à penser que vous ne croyez pas ma démarche entachée d'intérêt. La preuve, c'est que si jamais le rêve que je fais en ce moment se réalisait, j'accepterais avec bonheur la responsabilité de ma nouvelle position, mais je l'accepterais sans aucune rétribution, voulant en faire une pure question d'art.

Vous ne pouvez guère m'accuser que d'ambition, et je confesse avec vous que j'en ai. Mais lorsque les ambitions sont nobles et qu'elles n'ont pour mobile que des idées de perfectionnement et de progrès, on peut toujours les avouer, et c'est ce que je fais.

Avant de finir, il est bien entendu que ma demande ne pourrait avoir d'effet que le jour où certains changements se feraient dans l'administration du Théâtre-Français, car je n'ai jamais eu et n'aurai jamais la pensée de prendre la place d'autrui.

Excellence, j'ignore quel sera le résultat de ma démarche, mais laissez-moi croire qu'avant tout vous ne verrez en elle qu'une haute question artistique. Cette question se résume en peu de mots.

Je crois que le jour où les pièces seront mieux jouées sur la scène du théâtre Michel, le public de Saint-Pétersbourg, dont la bienveillante sympathie nous est déjà acquise, viendra chez nous avec plus de plaisir et, par conséquent, y viendra plus souvent; je crois enfin que nous avons plus de talent qu'on ne nous en connaît, et ma seule ambition est de le prouver. J'ose espérer que Votre Excellence ne m'en voudra pas pour cela.

F. BERTON,
DU THÉATRE-FRANÇAIS IMPÉRIAL
DE SAINT-PÉTERSBOURG.

Saint-Germain-lez-Tours, 1859.

Contraste insuffisant

NF Z 43-120-14

www.ingramcontent.com/pod-product-compliance
Lightning Source LLC
Chambersburg PA
CBHW061529040426
42450CB00008B/1863

Le Commissaire du Directoire Exécutif près l'Administration centrale du département d'Eure et Loir,

Au Conseil des Cinq-Cents.

LIBERTÉ. ÉGALITÉ.

Chartres, 12 messidor an 7 de la république française.

Le Commissaire du Directoire Exécutif près l'Administration centrale du département d'Eure et Loir,

Au Conseil des Cinq-Cents.

CITOYENS LÉGISLATEURS,

Je reçois un exemplaire d'un discours prononcé à la séance du 8 de ce mois du conseil des cinq-cents, par le citoyen Guillard, en présentant une adresse des républicains de la commune de Chartres.

Le commissaire central, par ce discours, est accusé : « d'avoir fait gémir, depuis quinze mois,
» sous la tyrannie la plus monstrueuse, le dé-
» partement d'Eure et Loir. Il y est dit que les

» destitutions y ont été prodiguées sur les pa-
» triotes les plus purs, qu'on ne se donnait
» pas même la peine de les motiver ; que le
» patriotisme et la probité étaient un titre suf-
» fisant à la haine et à la proscription du pro-
» consul central; que le découragement était à
» son comble et que le mot république ne sem-
» blait plus qu'une froide ironie ».

Citoyens législateurs, comme chez un peuple libre, le caractère de représentant du peuple ne confère pas le droit de calomnier un fonctionnaire public, un citoyen quelconque, et que les attaques dirigées contre moi par le citoyen Guillard sont trop graves pour que je ne m'empresse pas d'y répondre, j'espère que vous voudrez bien accueillir mes moyens de défense avec cette impartialité que tout citoyen a droit d'attendre de législateurs républicains.

Je passe à l'examen des faits énoncés par le citoyen Guillard.

« Depuis *quinze mois*, le département d'Eure
» et Loir gémit sous la tyrannie la plus mons-
» trueuse. Les destitutions y ont été prodiguées
» sur les patriotes les plus purs, et le mot ré-
» publique n'était plus qu'une froide ironie ».

Je crois ne pouvoir mieux répondre à cette accusation que par l'extrait du compte à moi adressé par le citoyen Marceau, beau-frère du citoyen Guillard, alors commissaire près la commune de Chartres, sous la date du 26 vendémiaire dernier.

« L'on peut juger de l'esprit public *par l'af-*
» *fluence, la gaieté, le sentiment de satisfac-*
» *tion* que j'ai remarqués aux différentes fêtes
» nationales qui ont été célébrées jusqu'à ce
» jour, auxquelles, à la vérité, on a *donné*
» *toute la pompe et la magnificence possibles.*

» Chaque jour nous nous appercevons des
» progrès qu'il fait, (l'esprit public); la tran-
» quillité qui règne dans cette commune, la
» soumission aux lois, l'exécution *facile et*
» *paisible* de celles même dont les ennemis du
» gouvernement espéraient tirer parti pour
» indisposer contre lui la classe des citoyens
» peu éclairés, le *succès aussi aisé que rapide,*
» *et étonnant par cela même, des institutions*
» *nouvelles calquées sur le calendrier répu-*
» *blicain,* tout nous démontre que la masse
» des citoyens est généralement attachée à la
» constitution de l'an III; que si elle a encore
» quelques ennemis, ils sont sans influence ;
» que pour le moment du moins ils n'osent se
» montrer ; qu'ils se bornent tout au plus à

» des vœux secrets et insensés, et qu'il n'y a
» rien a craindre d'eux ».

Ainsi donc il résulte du rapport du beaufrère du citoyen Guillard, que si, au 26 vendémiaire dernier, il y avait compression, c'était sur les ennemis de la constitution de l'an III, *uniquement sur eux*.

Tous les rapports des autres commisaires de canton faisaient le même tableau de leurs arrondissemens respectifs; je ne crains pas d'être démenti.

Je n'employerai pas d'autres moyens pour détruire la première imputation que me fait le citoyen Guillard.

Je réponds à la seconde :

» Les destitutions y ont été prodiguées (dans
» le département d'Eure et Loir,) sur les pa-
» triotes les plus purs. »

Depuis le 5 prairial an VI, jour de mon installation, jusqu'au premier brumaire suivant, sur *neuf cent dix* agents et adjoints qu'il y a dans le département d'Eure et Loir, l'administration centrale, alors composée des citoyens Drouin, Beroys, Lambert, Sanson, et Joliet, a suspendu de leurs fonctions *quarante* tant agents qu'adjoints municipaux.

Ces suspensions sont toutes motivées, sur le

royalisme, le fanatisme, la négligence à veiller à l'exécution des loix sur les institutions républicaines, ou le refus de les faire observer. Elles ont été confirmées par le directoire exécutif. Tous les arrêtés sont signés des citoyens Drouin et Berroys et des trois autres administrateurs.

Depuis le premier brumaire jusqu'au premier prairial dernier, l'administration centrale n'a prononcé la suspension que de quatre fonctionnaires publics. Ses arrêtés sont motivés; et je défie qu'on trouve au nombre des motifs, ceux d'anarchie ou de terrorisme. Des administrateurs et un commissaire qui, en l'an trois, ont gémi dans les fers parce qu'ils étaient accusés de terrorisme et d'avoir concouru à l'établissement du système des décemvirs, savent apprécier *la valeur de ces mots* : et l'expérience qu'ils ont faite eux-mêmes des maux que leur emploi a causé à tous les républicains, les a toujours mis en garde contre les accusations de ce genre.

Depuis que je suis commissaire, deux administrateurs du département ont été destitués, les citoyens Drouin et Berroys, le premier pour cause d'incompatibilité de ses fonctions de notaire avec celles d'Administrateur de département, le second pour cause d'incapacité. Je déclare n'avoir pris aucune part soit directe, soit indirecte à ces deux destitutions. Je déclare avec la même franchise que si j'eusse été consulté, j'aurais concouru à l'une des deux, mais par d'autres motifs que ceux qui l'ont basée.

On compte dans le département d'Eure et Loir *quarante-quatre* commissaires de canton ; depuis le premier prairial an VI, jusqu'à ce jour quatorze commissaires ont été dénoncés au ministre de l'intérieur, et malgré ces dénonciations qui m'ont été renvoyées, cinq seulement ont été révoqués. Un seul des cinq a prétendu être victime ; il n'appartient qu'au directoire de faire connaître les motifs qui l'ont déterminé.

» Le *patriotisme* et la *probité*, dit encore le ci-
» toyen Guillard, *étaient un titre suffisant à la*
» *haine et à la proscription du proconsul cen-*
» *tral.* »

S'il en était ainsi, depuis que je suis en fonctions aucun républicain probe et désintéressé n'aurait pu parvenir aux places dans l'arrondissement confié à ma surveillance ; ainsi donc, ils ne sont pas républicains les citoyens :

Maugars, nommé commissaire près la commune de Chartres ? il était le frère d'arme du général Marceau. Après le 18 fructidor il fut nommé, sur la présentation du citoyen Guillard, commissaire du canton de Chartres.

Sevin, nommé commissaire près le même canton; il fut incarcéré en floréal, an III, comme terroriste, par suite des persécutions du citoyen Guillard.

Tulot, nommé commissaire en remplacement du citoyen Poullin, appelé à d'autres fonctions? Tulot a gémi pendant sept mois dans les cachots qu'avait ouvert aux républicains la réaction thermidorienne.

Poirier, qui m'a succédé à Châteaudun, administrateur de district? il fut destitué en prairial, an III, comme terroriste et buveur de sang.

Esnault, nommé en remplacement de Traxcelle, appellé à d'autres fonctions, prêtre marié? il fut destitué en l'an III, par suite de la réaction.

Traxcelle serait-il accusé de n'être pas républicain? il a gémi cinq mois dans les prisons de Châteaudun, où il fut incarcéré par ordre de Bernier, en floréal an III, comme terroriste et buveur de sang.

Fusil, nommé en remplacement de Joliet, appelé à d'autres fonctions, serait-il aussi accusé de n'être pas patriote? il a fait les premières campagnes de la liberté, et il n'a quitté les armées qu'après avoir été privé de l'usage d'un œil.

Ils ne seraient pas républicains les administrateurs provisoires du département, tous confirmés à la presqu'unanimité par l'assemblée électorale dernière ?

Poullin, tour à tour victime comme fédéraliste et comme jacobin, lui dont les vertus, le civisme, les lumières et le désintéressement sont célébrés dans tout le département ?

J. H. Joliet, lui dont la maison fut pillée, dévastée par les chouans, en germinal an IV, et qui ne dut son salut qu'à son absence momentanée de son domicile ?

Le Roi ; il n'est pas républicain ! et deux fois en l'an IV et en l'an V, il pensa être victime des chouans qui avaient proscrit sa tête !

Sanson ; il n'est pas républicain ! ce citoyen n'a pas cessé d'être employé dans les bureaux du département depuis 1791.

Lambert ; il n'est pas républicain ! et il n'a pas cessé d'occuper des places importantes depuis la révolution.

Je ne parlerai pas de moi : le citoyen Guillard sait que, depuis sept ans, je n'ai cessé que six mois de remplir des fonctions publiques importantes, et pendant ces six mois j'ai vécu dans les liens d'une destitution, désarmé comme terroriste et buveur de sang, et condamné à me présenter tous les jours à la maison commune.

Où est-il le royaliste, l'homme insignifiant, l'être nul pour lequel j'ai sollicité, auquel j'ai fait donner une place? Si tous les citoyens que je viens de nommer, également recommandables par leurs talens et leur ardent amour pour la république, ont, depuis un an, et successivement, obtenu des places dans ce département, comment justifier cette assertion qu'il suffit d'*être patriote et probe pour avoir un titre à la haine et à la proscription du proconsul central*?

Serait-ce par la suspension de quatre officiers municipaux de la commune de Chartres? mais les motifs de cette suspension sont connus, et depuis le 26 frimaire ils n'ont pas cherché à les détruire.

Une maladie dangereuse régnait dans les prisons. Depuis le 4 brumaire, jusqu'au 26 frimaire, onze malheureux détenus étaient morts faute de soins; le département sur mon réquisitoire ordonna une visite dans la maison de justice: on trouva confondus ensemble les sains et les malades, gissants sur une paille pourrie et sans secours, et cet abandon, qui avait laissé faire des progrès à la maladie, fut cause que, dans le mois suivant, douze détenus ont encore succombé. Était-il un motif plus puissant pour suspendre des fonctionnaires publics chargés spécialement de veiller à la salubrité et à la sûreté des prisons ! Ces faits sont malheureusement trop authentiques, et les rapports des officiers de santé déposeront éternellement contre la négligence des administrateurs municipaux. Leur titre de républicain peut-il les exempter du reproche d'avoir laissé périr, faute de soins, onze malheureux détenus dans l'espace de quatre décades ? Les exemptera-t-il du reproche d'avoir causé la mort de beaucoup d'autres en ne prenant, ou ne sollicitant aucune mesure pour empêcher la maladie de prendre de l'intensité ?

Aux élections dernières, un seul des quatre destitués a été réélu ; et par cela seul, *j'ai comprimé les choix des républicains*! Mais alors je n'étais pas à Chartres, et je n'y ai pas été pendant tout le temps de la tenue des assemblées primaires ; et si j'ai influencé les choix, j'ai donc fait nommer des ennemis des républicains ? En compte-t-on un seul parmi les citoyens nommés électeurs ou officiers municipaux dans la commune de Chartres ?

Les électeurs de l'an VII n'étaient-ils pas en très-grande majorité composés de républicains, d'acquéreurs de domaines nationaux probes et estimés ? Est-il dans la république une assemblée électorale qui ait donné l'exemple d'un républicanisme plus vrai, d'une sagesse plus grande que celle d'Eure et Loir ? Est-il dans la république un département, où depuis quinze mois, les prêtres ayent eu moins d'influence que dans celui-ci ? où les loix sur la levée et le complément des deux cents mille hommes ayent été exécutées avec plus de célérité et de zèle ? où les conscrits ayent montré plus de soumission et d'empressement ?

Combien est-il de départements qui puissent dire avec celui d'Eure et Loir : *ici il n'a pas été commis un seul assassinat depuis plus d'un an, et le tribunal criminel pendant trois mois n'a tenu qu'une seul session faute d'affaires;* les cinq douzièmes des contributions de l'an VII, sont déjà recouvrés ; il ne reste sur celles antérieures qu'un très-faible arriéré.

Les loix sur les institutions républicaines peuvent recevoir leur exécution dans toute la république, mais nulle part on n'y veille avec un zèle plus constant que dans celui d'Eure et Loir.

Voilà des faits auxquels on ne peut rien opposer. En vous les exposant, citoyens législateurs, je crois m'être justifié.

Salut et respect,

                        DAZARD.

DE L'IMPRIMERIE DE VATAR JOUANNET, RUE CASSETTE,
N°. 913.

ADMINISTRATION

DU DÉPARTEMENT

D'EURE ET LOIR.

Séance du 12 Messidor an 7 de la République Française, une et indivisible.

VU, 1°. le Discours prononcé par le citoyen Guillard, au Conseil des Cinq-Cents, à la séance du 8 de ce mois, en présentant une adresse des républicains de la commune de Chartres;

2°. La lettre du Commissaire du Directoire près cette Administration, au Corps Législatif, en date de ce jour;

L'Administration centrale, considérant que l'effet nécessaire de la publicité donnée au Discours du citoyen Guillard, est d'enlever aux Administrateurs la confiance des adminitrés;

Que s'il suffit aux Administrateurs du témoignage de leur conscience, il n'est pas moins de leur devoir de prendre hautement la défense de leurs administrés, puisqu'on n'a pas craint de les peindre à la tribune nationale avec des couleurs infidèles;

Considérant que la lettre susdatée du Commissaire du Directoire exécutif, établi près d'elle, en rétablissant la vérité des faits, remplit le double but de justifier à la fois et les Administrateurs et les Administrés :

Déclare que tous les faits contenus dans ladite Lettre sont de la plus exacte vérité, et qu'elle adhère à l'unanimité à tout ce qu'elle contient de relatif aux opérations administratives qui leur ont été communes. *Signés*, Lambert, J. H. Joliet, Sanson, Leroy, Poulain, Poruun, Barré, *Secrétaire*.

---

www.ingramcontent.com/pod-product-compliance
Lightning Source LLC
Chambersburg PA
CBHW061622040426
42450CB00010B/2628

LE ROCHER D'APPENZELL.

CANTATE.

INSTITUT DE FRANCE.

LE ROCHER D'APPENZELL.

CANTATE.

Num fletu ingemuit nostro? Num lumina flexit?
Num lacrymas victus dedit, aut miseratus amantem est.

VIRGILE, Énéide.

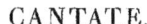

PERSONNAGES :

LÉOPOLD.
MARTHA.
WERNER, pasteur du canton d'Appenzell.

(La scene est sur un rocher élevé, formant plusieurs arcades, et au pied duquel coule un torrent.)

MARTHA. (Près d'elle est un enfant endormi.)

Romance.

Dors, mon enfant; dors sur ce lit de mousse :
Repose en paix, comme dans ton berceau.
En contemplant ta figure si douce,
Du repentir je sens moins le fardeau.

Mais loin de moi cette pensée amère!.....
Il va venir..... Je l'attends en ce lieu!.....
Ah! laisse-moi te cacher à ton père,
Moi, qui voudrais te cacher même à Dieu!
(Elle couvre l'enfant de son manteau.)

Dors, mon enfant; dors sur ce lit de mousse;
Repose en paix, comme dans ton berceau.
En contemplant ta figure si douce,
Du repentir je sens moins le fardeau.

(Ecoutant.)
Est-ce lui?..... L'espérance en mon cœur se ranime.
Les détours du sentier me dérobent ses pas......
Non!..... Je ne vois encor que le ciel et l'abîme.....
Je n'entends que le flot, qui roule avec fracas!.....

Dors, mon enfant; dors sur ce lit de mousse;
Repose en paix, comme dans ton berceau.
En contemplant ta figure si douce,
Du repentir je sens moins le fardeau.

LÉOPOLD (paraissant).

Récitatif.

Martha!.....

MARTHA.

Léopold!..... Je respire!.....
Déjà je m'alarmais.....

LÉOPOLD.

Au rendez-vous j'accours,

MARTHA.

Ton absence est pour moi le plus cruel martyre,
Et, sans te voir, hélas! j'ai compté deux grands jours!

Duo.

LÉOPOLD.

Tu le sais, je partage
Tes chagrins, ton ennui;
Mais il faut du courage,
Et surtout aujourd'hui.

MARTHA (les yeux au ciel et les mains jointes).

Que toujours il partage
Mes chagrins, mon ennui;
Et j'aurai du courage,
S'il en faut aujourd'hui.

LÉOPOLD.

Chere Martha, j'apporte une triste nouvelle.

MARTHA.

A quel malheur dois-je me préparer?

LÉOPOLD.

En France, près de lui, mon père me rappelle;
Quoi qu'il m'en coûte, il faut nous séparer.

MARTHA.

Et quand reviendras-tu?.....

LÉOPOLD.

Bientôt, je te l'assure.

MARTHA.

Non, c'est en vain que tu promets !.....
Ta bouche dit : Bientôt; mais ta bouche est parjure,
Et dans tes yeux je lis : Jamais.

Ensemble.

MARTHA.

O Dieu tutélaire,
Qui vois mes douleurs,
De toi seul j'espère,
Pitié pour mes pleurs.

LÉOPOLD.

Quelle plainte amère
Se mêle à tes pleurs?
Jamais la colère
N'a touché les cœurs.

LÉOPOLD.

Pourquoi douter de moi, de ma tendresse?.....
Oui, je t'aime toujours, mais le devoir me presse.

Mon père me l'a dit : « C'est tarder trop longtemps :
« Dans un repos obscur consumer sa jeunesse,
« Autant vaudrait mourir à la fleur de ses ans. »

MARTHA.

Tu m'aimes, et tu pars!..... Tu m'aimes..... vain mensonge!
Non jamais je ne le croirai.
Ton amour a passé ; je m'éveille d'un songe......
Tu parles de mourir, et c'est moi qui mourrai!

Ensemble.

MARTHA.

O Dieu tutélaire,
Qui vois mes douleurs,
De toi seul j'espère
Pitié pour mes pleurs!

LÉOPOLD.

Quelle plainte amère
Se mêle à tes pleurs?
Jamais la colère
N'a touché les cœurs.

MARTHA.

Au bord de ce rocher s'ouvre le gouffre immense,
Que l'œil mesure avec effroi.
Le torrent coule au fond..... Pars, et je te devance.
Et je suis là-bas avant toi.

LÉOPOLD.

Martha!

MARTHA.

Ce n'est pas tout encore.
Cet enfant, qui s'éveille, en me tendant les bras,
Qui déjà sait ton nom..... que j'aime, que j'adore,
Avec lui je m'élance au-devant du trépas.

Ensemble.

LÉOPOLD.

Délire extrême!
Affreux blasphème,
Dont l'horreur même
M'oblige à fuir!
De la menace
Mon cœur se lasse;
Sans hésiter je dois partir.

MARTHA.

Délire extrême!
D'un tel blasphème
Je sens moi-même
Mon cœur frémir.
Mon sang se glace.....
Ah! grâce, grâce,
Ou devant toi je vais mourir.

MARTHA.

Léopold, mon ami, reste, je t'en supplie!.....

LÉOPOLD.

Comment rester, hélas!..... quand un père me crie :
« Reviens..... entends ma voix, qui doit être obéie ! »

MARTHA.

Et tu pars?

LÉOPOLD.

Il le faut.

MARTHA.

Va..... laisse-moi..... c'est bien....
Tu trahis tes serments, mais je tiendrai le mien.

Ensemble.

LÉOPOLD.

Délire extrême!
Affreux blasphème,
Dont l'horreur même
M'oblige à fuir!
De la menace
Mon cœur se lasse;
Sans hésiter je dois partir

MARTHA.

Délire extrême!
D'un tel blasphème,
Je sens moi-même
Mon cœur frémir.
Mon sang se glace.....
Ah! grâce, grâce,
Ou devant toi je vais mourir.

(Léopold s'éloigne précipitamment.)

Récitatif.

MARTHA.

Le cruel!..... Il me quitte..... Il veut donc que je meure?.....
Eh! bien..... que sur lui seul retombe le forfait!.....
(Elle va chercher l'enfant et s'avance, en chancelant, au bord du précipice.)
Enfant!... viens... dans mes bras!... J'ai juré... Voici l'heure.
Mais la force..... me manque.....
(Au moment de s'élancer, l'enfant lui échappe et tombe dans l'abîme.
Elle pousse un cri et s'évanouit.)

Ah!..... mon fils!..... c'en est fait.
(Intervalle de quelques mesures rempli par l'orchestre.)

LÉOPOLD (revenant sur ses pas).

Quel cri soudain s'est fait entendre?.....
(Apercevant Martha évanouie.)
Que vois-je?..... ah! je suis trop puni!.....
Morte!..... non, non, le ciel va me la rendre....
Le ciel m'accordera merci.

Air.

Un instant rouvre ta paupière :
Vois ma douleur et mes regrets !
Jamais tu ne me fus plus chère :
Dans la tombe je te suivrais.
De toi je m'éloignais à peine,
Et le remords a hâté mon retour.
Quand je venais de mériter ta haine,
J'ai retrouvé tout mon amour.

Un instant rouvre ta paupière ;
Vois ma douleur et mes regrets.
Jamais tu ne me fus plus chère :
Dans la tombe je te suivrais.

WERNER (arrivant et jetant un regard sévère sur Léopold).

Récitatif.

Léopold !... quoi, c'est vous !... près de Martha mourante !...

LÉOPOLD.

Elle respire !..... elle reprend ses sens !.....
Vénérable pasteur, de votre voix touchante,
Pour la fléchir, prêtez-moi les accents.

Trio.

WERNER.

Vous invoquez mon assistance,
Et vous osez compter sur moi ;
Mais de la sainte Providence
Avez-vous respecté la loi ?

LÉOPOLD.

Je le sais trop, je fus coupable :
J'ai mérité votre courroux.
Mais serez-vous inexorable,
Vous toujours si juste et si doux ?

WERNER.

Non, le ciel n'est pas implacable :
De Martha devenez l'époux.

LÉOPOLD.

Je le lui demande à genoux.

WERNER.

Qu'à ce prix la faute s'expie;
Pour vous je prierai le Seigneur.

LÉOPOLD.

Priez d'abord Martha pour qu'elle oublie
Un moment de funeste erreur.

Ensemble.

LÉOPOLD.

Priez d'abord Martha pour qu'elle oublie
Un moment de funeste erreur.

WERNER.

Oui, je prierai Martha pour qu'elle oublie
Un moment de funeste erreur.

WERNER (s'approchant de Martha, qui se ranime peu à peu).

Ma fille, puisque Dieu vous rend à l'existence,
C'est qu'il a sur vous ses desseins,

Il vous promet, dans sa clémence,
Des jours paisibles et sereins.
Quelqu'un est près de vous, qui pleure... attend... espere !...

MARTHA (ouvrant les yeux et cherchant autour d'elle.)

Qu'entends-je ?..... Cette voix !.....
(Reconnaissant Werner).
C'est la vôtre, mon pere.
Mais de qui parlez-vous ?.....

WERNER.

De Léopold.

MARTHA (avec effroi).

Non, non !
Jamais, si vous m'aimez, ne prononcez ce nom.

WERNER.

Pourquoi ?..... s'il vous conjure, et si, dans sa pensée,
Vous êtes son seul bien et son unique espoir ?
S'il vient vous implorer comme sa fiancée ?.....

MARTHA (se cachant les yeux avec les mains).

Léopold !..... Et c'est moi qui n'ose plus le voir !.....

WERNER.

Martha, c'est un époux !.....

LÉOPOLD.

Martha, soyez ma femme !.....

MARTHA (se levant avec délire).

Non, jamais!..... si j'en crois mon âme,
Je ne dois plus inspirer que l'horreur!.....
Malheur sur moi!..... Rien que malheur!

Ensemble.

MARTHA.

Je ne dois plus inspirer que l'horreur!
Malheur sur moi!..... Rien que malheur!

LÉOPOLD.

D'où vient cette subite horreur?.....
Ah! pour moi quel nouveau malheur!

WERNER.

Je comprends sa secrète horreur :
Prévenons un nouveau malheur.

WERNER (à Martha).

Ma fille, il faut parler : Dieu lui-même l'ordonne.
Je l'exige en son nom.

MARTHA (tombant aux pieds de Werner).

Que Dieu donc me pardonne!...
Sachez..... Apprenez qu'aujourd'hui,
Malgré moi, j'ai commis un crime!....
Mon fils..... mon fils!..... Il est là dans l'abîme!. ...
(Se relevant et prête à s'élancer.)
Adieu!..... je vais l'y suivre..... et mourir après lui!

WERNER (retenant Martha).

Non !..... car je l'ai sauvé !.....

MARTHA.

Grand Dieu, soyez béni !

WERNER.

Sur sa couche profonde
L'onde l'avait reçu..... Je l'ai repris à l'onde,
Qui, dans son cours avide, allait le dévorer.

MARTHA (avec transport).

Mon enfant..... Il existe !.....

(Se jetant dans les bras de Werner.)

Ah ! laissez-moi pleurer !.....

WERNER.

Oui, la joie a ses pleurs, ainsi que la tristesse.
A la mère par moi le fils sera remis ;
Mais un autre que lui réclame sa tendresse !.....

LÉOPOLD (s'approchant).

Martha !.....

MARTHA (lui tendant la main).

Mon Léopold !.....

WERNER (les unissant).

Époux, soyez bénis !

Que l'hymen, qui vous lie,
Console et purifie
Vos deux cœurs à la fois.
D'une commune offense
La sainte Providence
Vous absout par ma voix.

Ensemble.

WERNER.

Que l'hymen, qui vous lie,
Console et purifie
Vos deux cœurs à la fois.
D'une commune offense
La sainte Providence
Vous absout par ma voix.

LÉOPOLD et MARTHA.

Que l'hymen, qui nous lie,
Console et purifie
Nos deux cœurs à la fois.
D'une commune offense
La sainte Providence
Nous absout par sa voix.

www.ingramcontent.com/pod-product-compliance
Lightning Source LLC
Chambersburg PA
CBHW061623040426
42450CB00010B/2630